RESPONSABILIDAD SOCIAL EMPRESARIAL

Los fundamentos

RSE | J Felipe Cajiga C
EmpresAbility
www.4apurpose.org
2018

Copyright 2018 Juan Felipe Cajiga

****

This Book is licensed for your personal enjoyment only. This Book may not be re-sold or given away to other people. If you would like to share this book with another person, please purchase an additional copy for each recipient. If you´re reading this book and did not purchase it, or it was not purchased for your use only, the please return to amazon.com and purchase your own copy. Thank you for respecting the hard work of this author.

****

Contenido

EL CONCEPTO 6
   Su dimensión integral 12
   Los Principios 5
   Líneas estratégicas 6
   Es conveniente 10
   A quién responde la empresa 13
   Repercusiones positivas 16
   Diez compromisos básicos 19
      La gestión ética. 22
      La vinculación de la empresa con la comunidad y su desarrollo. 26
      Trabajo y la calidad de vida en la empresa. 33
      La sustentabilidad, el cuidado y la preservación del medio ambiente. 12
   Herramientas. 18
   Dos rutas. 24
   Una guía para la implementación. 30
      Planeación 33
      Instrumentación 34
      Medición de avances 35
      Difusión interna y externa 37
      Mejora continua 39
      Repetición 40
   Sitios de interés 41
      ÉTICA 41
      COMUNIDAD 43
      CALIDAD DE VIDA EN LA EMPRESA 45
      SUSTENTABILIDAD Y RESPONSABILIDAD AMBIENTAL 47
   Referencias. 58

EL CONCEPTO
RESPONSABILIDAD SOCIAL EMPRESARIAL

Hasta hace relativamente poco tiempo, se asumía que la responsabilidad de las empresas era únicamente generar utilidades. Hoy en día esta concepción no es suficiente ni aceptable. Además de generar utilidades para sus accionistas, la empresa debe tomar en cuenta que sus actividades afectan, positiva o negativamente, la calidad de vida de sus empleados y de las comunidades en las que realiza sus operaciones.

Como consecuencia, un número creciente de empresas perciben que la responsabilidad social es un tema que no está restringido solo a las acciones sociales o ambientales desarrolladas por la organización en la comunidad, sino que implica también el diálogo y la interacción con los diversos públicos relacionados con la empresa.

Para que ésta actúe con responsabilidad social, desde una perspectiva sistémica y amplia, es necesario que ese concepto sea incorporado a sus procesos de gestión y, por lo tanto, que pase a formar parte integral de sus estrategias de negocio y de su sistema de planeación interna.

¿Qué es la Responsabilidad Social Empresarial?

No es algo nuevo pues, aunque recientemente se ha convertido en una nueva forma de gestión y de hacer negocios, es algo inherente a la empresa misma. La empresa desde que surge tiene una responsabilidad sobre sus actos.

Ya ahora, en su ejercicio, la empresa se ocupa de que sus operaciones sean sustentables en lo económico, lo social y lo ambiental, reconociendo los intereses de los distintos grupos con los que se relaciona[2] y buscando la preservación del medio ambiente y la sustentabilidad de las generaciones futuras[3].

Es una visión de negocios que integra el respeto por las personas, los valores éticos, la comunidad y el medioambiente con la gestión misma de la empresa, independientemente de los productos o servicios que ésta ofrece, del sector al que pertenece, de su tamaño o nacionalidad.

A nivel mundial coexisten aún diversas definiciones que dan una idea bastante amplia del concepto de Responsabilidad Social Empresarial, pero no indican cómo una organización o una empresa puede ponerla en práctica.

En México, uno de los principales avances en el tema es haber logrado el consenso de los principales organismos empresariales y de responsabilidad social sobre un concepto y un marco ideológico común, lo que, sin duda, facilita su difusión y comprensión. Es así como todos los organismos de AliaRSE[4] coinciden en entenderla como:

> **Responsabilidad Social Empresarial**, es el compromiso consciente y congruente de cumplir de forma integral con la finalidad de la empresa, tanto en lo interno como en lo externo, considerando las expectativas económicas, sociales y ambientales[6] de todos sus participantes, demostrando respeto por la gente, los valores éticos, la comunidad y el medio ambiente, contribuyendo así a la construcción del bien común.

La responsabilidad empresarial no es algo ajeno o añadido a la función original de la empresa. Por el contrario, implica cumplir con ella con la conciencia de que esto impactará de forma positiva o negativa, directa o indirectamente, interna o externamente, a grupos y comunidades vinculadas con su operación. Es la capacidad de responder a estos desafíos buscando maximizar los impactos positivos y minimizar los negativos, haciendo mejores negocios al atender estas expectativas.

En el mismo sentido, para Fórum Empresa[7] la Responsabilidad Social Empresarial es una nueva forma de hacer negocios en la que la empresa gestiona sus operaciones de forma sustentable en lo económico, lo social y lo ambiental. Reconociendo los intereses de los distintos públicos con los que se relaciona (los accionistas, los empleados, la comunidad, los proveedores, los clientes, etc.) y buscando la preservación del medio ambiente y la sustentabilidad de las generaciones futuras.

Ambas definiciones tienen elementos en común que describen, en esencia, lo que debe considerarse al determinar la responsabilidad social de una empresa y sus alcances.

La Responsabilidad Social Empresarial debe sustentarse en los valores expresados por la empresa y debe ser plasmada en un conjunto integral de políticas, prácticas y programas a lo largo de las operaciones empresariales para institucionalizarla.

De lo contrario, se caería en el riesgo de implementar prácticas que, si bien son socialmente responsables, al no responder a un mandato y cultura institucionales, están en peligro de suspenderse ante cualquier eventualidad, coyuntura, crisis presupuestal o cambio en la dirección de la empresa.

Un elemento adicional fundamental es que la RSE debe ser apoyada e incentivada por los altos mandos[8] de la organización.

Para el Centro Empresarial de Inversión Social (Cedis)[9], de Panamá, esto permite a la empresa incrementar su competitividad a través de la generación de confianza como base de su negocio.

En conclusión, **la Responsabilidad Social Empresarial lleva a la actuación consciente y comprometida de mejora continua, medida y consistente que permite a la empresa generar valor agregado para todos sus públicos, y con ello ser competitiva de manera sustentable.**

Su dimensión integral

La acción responsable "integral" implica el análisis y la definición del alcance que la organización tendrá, como ya se estableció, en relación con las distintas necesidades[10], expectativas y valores que conforman el ser y quehacer de las personas y de las sociedades con las que interactúa; de esta forma sus niveles de responsabilidad se pueden entender y agrupar:

En su **dimensión económica interna**, su responsabilidad se enfoca a la generación y distribución del valor agregado entre colaboradores y accionistas, considerando no sólo las condiciones de mercado sino también la equidad y la justicia. Se espera de la empresa que genere utilidades y se mantenga viva y pujante (sustentabilidad).

En su **dimensión económica externa**, implica la generación y distribución de bienes y servicios útiles y rentables para la comunidad, además de su aportación a la causa pública vía la contribución impositiva.

Asimismo, la empresa debe participar activamente en la definición e implantación de los planes económicos de su región y su país.

En su **dimensión social interna**, implica la responsabilidad compartida y subsidiaria de inversionistas, directivos, colaboradores y proveedores para el cuidado y fomento de la calidad de vida en el trabajo y el desarrollo integral y pleno de todos ellos.

En su **dimensión sociocultural y política externa**, conlleva a la realización de acciones y aportaciones propias y gremiales seleccionadas para contribuir con tiempo y recursos a la generación de condiciones que permitan y favorezcan la expansión del espíritu empresarial y el pleno desarrollo de las comunidades y, por tanto, a un entorno de mercado favorable para el desarrollo de su negocio.

En su **dimensión ecológica interna**, implica la responsabilidad total sobre las repercusiones ambientales de sus procesos, productos y subproductos; y, por lo tanto, la prevención —y en su caso remedio— de los daños que causen o pudieran causar.

En su **dimensión ecológica externa**, conlleva a la realización de acciones específicas para contribuir a la preservación y mejora de la herencia ecológica común para el bien de la humanidad actual y futura.

El análisis de cada dimensión lleva a la definición de las estrategias de acción específicas para que cada empresa actúe de acuerdo con su propio contexto, tome a su cargo y costo la realización de proyectos completos en lo individual o de manera colaborativa con otros actores y/o sectores que compartan metas similares.

Los Principios

La Responsabilidad Social responde a principios universales, y es mediante su profundización continua que asegura su buena implementación.

- Respeto a la dignidad de la persona[13].
- Empleo digno.
- Solidaridad[14].
- Subsidiariedad[15].
- Contribución al bien común.
- Corresponsabilidad.
- Confianza.
- Prevención de negocios ilícitos.
- Vinculación con la comunidad.
- Rendición de cuentas y Transparencia.
- Honestidad y legalidad[16].
- Justicia y equidad.
- Empresarialidad[17].
- Desarrollo social[18].

Líneas estratégicas

La Responsabilidad Social Empresarial sólo se comprende reconociendo cuatro líneas o ámbitos básicos y estratégicos que explican su presencia en toda actividad de la empresa. Éstos a su vez incluyen sus respectivos subtemas[12], que pueden variar de un país, de un sector o de una empresa a otra. Estos son:

- **Ética y gobernabilidad empresarial.**
- **Calidad de vida en la empresa (dimensión social del trabajo).**
- **Vinculación y compromiso con la comunidad y su desarrollo.**
- **Cuidado y preservación del medioambiente.**

En base a lo anterior, una empresa socialmente responsable es aquella que asume la ciudadanía como parte de sus propósitos, fundamentando su visión y su compromiso social en principios y acciones que benefician a su negocio e impactando

positivamente a las comunidades en las que opera. Estableciendo, también, a partir de estos principios, compromisos para minimizar los impactos negativos de sus actividades, basados en una abierta y constante comunicación con sus grupos de interés.

La responsabilidad social y sus actividades tienen que ser voluntarias e ir más allá de las obligaciones legales, pero en armonía con la ley. En conclusión, la responsabilidad social exige el respeto de los valores universales y del marco legal existente.

Con lo que, además, la empresa puede contribuir al desarrollo del país al maximizar los beneficios económicos, sociales y ambientales de sus actividades principales; realizar inversiones sociales y filantropía estratégica e involucrarse en el debate de políticas públicas a nivel local, nacional e internacional, entre otras muchas acciones.

La responsabilidad social no debe confundirse con prácticas de filantropía, éticas o ambientales, ni con cualquier otra actividad adicional al propósito de la empresa.

Su implementación conlleva actividades de medición y reporte de sus impactos y su relación con el desempeño de la organización, por lo que exige de la empresa rendición de cuentas y transparencia.

Podemos decir, entonces, que la Responsabilidad Social Empresarial se refiere también a la actitud y al conocimiento de una empresa encaminada a mantener el equilibrio entre el desarrollo de la sociedad, un entorno sustentable, y la viabilidad comercial y económica de ella misma.

La aspiración de una empresa por la responsabilidad social se fundamenta en el

reconocimiento de la mutua interdependencia de todos los actores sociales, económicos y ambientales afectados positiva o negativamente por la actividad de la organización, y por lo tanto en el reconocimiento de que todos ellos cuentan con intereses legítimos sobre estas actividades.

Es conveniente

Mientras que el desarrollo económico y social continúa mejorando las vidas de algunos en nuestro país, todavía hay trabajo considerable que hacer para alcanzar condiciones favorables en los ámbitos económico, social y ambiental que beneficien a toda la sociedad.

Con la globalización ha aumentado el poder y la influencia de las empresas continúan creciendo. Es cada vez más evidente que la construcción de una sociedad más justa y una economía más sostenible depende, en gran parte, de influenciar a la comunidad de negocios para poner en ejecución acciones que permitan alcanzar estas metas.

Los mismos indicadores, cuantitativos y cualitativos, servirán de base para que la empresa y sus directivos establezcan las medidas necesarias para hacer más efectiva la manera en que se integra a sus estrategias medulares.

"La Responsabilidad Social Empresarial es hoy un valor agregado y una ventaja competitiva para la empresa. Aquellas empresas que desde hoy incorporen o refuercen sus acciones de responsabilidad social lo harán a su propio ritmo y de acuerdo con sus posibilidades; mañana tendrán la exigencia del entorno". [19]

"Es, al mismo tiempo, un imperativo para los negocios y una ventaja competitiva. Ahora se considera que los pilares de una estrategia exitosa de negocios son: capital adecuado, buena gerencia, productos y servicios de calidad, dominio de la tecnología, servicio al cliente y una estrategia integral de responsabilidad social. Todos estos pilares están ligados entre sí y son interdependientes". [20]

Como toda estrategia de negocios sus resultados se vinculan tanto a los objetivos de la empresa como a sus diferentes grupos de relación (partes interesadas).

Para conseguir crear valor de forma persistente las empresas han de satisfacer no sólo a sus clientes y accionistas, sino perseguir, en la medida de lo posible, la satisfacción de todas las partes interesadas.

A quién responde la empresa
Los grupos de interés, partes interesadas o stakeholders

Se ha convenido que existen para la empresa siete grupos de interés básicos, que a su vez podemos clasificar en otros tres grupos:

Los grupos de interés consustanciales son aquellos sin los cuales la propia existencia de la empresa es imposible; pueden incluir inversionistas y asociados, en virtud de su interés financiero.

Los grupos de interés contractuales son aquellos con los que la empresa tiene algún tipo de contrato formal; pueden incluir proveedores y clientes o consumidores, en virtud de su relación comercial; directivos y colaboradores, en virtud de su relación laboral.

Los grupos de interés contextuales son aquellos que desempeñan un papel fundamental en la consecución de la

credibilidad necesaria para las empresas.
En último término en la aceptación de sus actividades (licencia para operar); pasa por las autoridades gubernamentales y legislativas, en virtud del entorno regulatorio y legal; pero también por las organizaciones sociales y comunidades en las que opera la empresa. En virtud de su imagen pública y credibilidad moral; competidores, en virtud del entorno del mercado; y el medioambiente, en virtud de la sustentabilidad de los recursos presentes y futuros.

El diálogo entre la empresa y sus partes interesadas, por tanto, resulta estratégico. Como es obvio, las relaciones entre empresas y las partes interesadas no son siempre del mismo tipo, ni sería lógico que lo fueran. Por este motivo es conveniente elaborar el mapa de las partes interesadas de cada empresa y valorar su importancia.

"Cada vez más las empresas perciben que la responsabilidad social es un tema que no está restricto solamente a las acciones sociales o

ambientales desarrolladas por la organización en la comunidad, sino que implica también las prácticas de diálogo e interacción con los diversos públicos de la empresa... Para que la empresa trabaje en el tema de la responsabilidad social, en una perspectiva sistémica y amplia, es necesario que éste sea incorporado a los procesos de gestión y, por lo tanto, tratarlo como parte de las estrategias de negocio y del sistema de planeación interna de la empresa". [21]

No debemos perder de vista los desafíos marcados por Gerardo Lozano y Lizeth Leal en el documento "México: dejando atrás la filantropía"[22], como son el que las empresas pequeñas y medianas integren programas de Responsabilidad Social Empresarial; y el de buscar acercarse más al enfoque estratégico en la adopción de la RSE para integrar las preocupaciones de la sociedad y la comunidad a la administración diaria y a la planificación estratégica de las empresas.

Repercusiones positivas
de una Responsabilidad Social Empresarial congruente

Al ser ejercida, la Responsabilidad Social Empresarial modifica el papel social y ético de la empresa, según las necesidades y el contexto propio de cada empresa, y según los requerimientos de cada sociedad. La RSE brinda beneficios reales y tangibles para la empresa, que pueden medirse de diferentes maneras, basándose en información cuantitativa y cualitativa. Entre ellos están:

- Lealtad y menor rotación de los grupos de relación (*stakeholders*).

- Mejoramiento de las relaciones con vecinos y autoridades.

- Contribución al desarrollo de las comunidades y al bien común.

- Aumento de la visibilidad entre la comunidad empresarial.

- Acceso a capital, al incrementar el valor de sus inversiones y su rentabilidad a largo plazo.

- Decisiones de negocio mejor informadas.

- Aumento en la capacidad para recibir apoyos financieros.

- Mejoramiento en el desempeño financiero, se reducen costos operativos optimizando esfuerzos y se hace más eficiente el uso de los recursos enfocándolos al desarrollo sustentable.

- Mejora de la imagen corporativa y fortalecimiento de la reputación de la empresa y de sus marcas.

- Incremento en las ventas, se refuerza la lealtad del consumidor.

- Incremento en la productividad y en la calidad.

- Mejoramiento en las habilidades para atraer y retener empleados, se genera lealtad y sentido de pertenencia entre el personal.

- Reducción de la supervisión regulatoria.

- Se promueve y se hace más eficiente el

trabajo en equipo.

Las compañías líderes en el mundo han incorporado la Responsabilidad Social Empresarial a su estrategia de negocios como elemento diferenciador y como ventaja competitiva, con resultados financieros positivos.

Cada vez más estudios, realizados en distintas partes del mundo, comprueban la correlación positiva entre los resultados financieros y el comportamiento socialmente responsable de la empresa. La opinión pública espera hoy que la empresa sea parte de un cambio positivo en la sociedad, contribuyendo de manera sustentable al desarrollo de las comunidades.

La adopción de la Responsabilidad Social Empresarial no siempre resulta fácil. Es un camino que implica decisiones de liderazgo para superar problemas como la baja cultura cívica, la corrupción, los insuficientes marcos legales, las formas

autoritarias de ejercer el liderazgo y otras prácticas que han impedido a la empresa desarrollarse de forma cabal como ciudadano responsable.

Diez compromisos básicos

1. Buscar la sustentabilidad de la empresa, contribuyendo al desarrollo y bienestar social de las comunidades en las que opera.

2. Considerar las necesidades del entorno social del negocio en la toma de decisiones y en la definición de las estrategias de la empresa, así como colaborar en su solución.

3. Hacer públicos sus compromisos con la sociedad y medir los logros alcanzados.

4. Vivir conforme a esquemas de liderazgo participativos, solidarios, de servicio y respetuosos de la dignidad humana, actuando con base en un código de ética.

5. Fomentar el desarrollo humano y profesional de la comunidad laboral de la empresa y de sus familias.

6. Apoyar alguna causa social afín a la actividad que desarrolle la empresa como parte de su estrategia de negocios.

7. Respetar, preservar y regenerar el entorno ecológico en todos y cada uno de los procesos de operación, comercialización y actividades que realice.

8. Invertir todo el tiempo, talento y recursos empresariales que estén disponibles a favor de los grupos y comunidades en las que opera y de las causas sociales que ha decidido apoyar.

9. Participar en alianzas intersectoriales que, en conjunto con las organizaciones de la sociedad civil y el gobierno, le permitan contribuir corresponsablemente al bien común y atender las necesidades sociales de mayor importancia.

10. Motivar y apoyar al personal, accionistas y proveedores para que participen en los programas empresariales de inversión y desarrollo social.

Este decálogo puede ser utilizado como una guía para la empresa con la cual, a partir de su adopción y adaptación, pueda desarrollar su propio decálogo, que orientará interna y externamente los propósitos que, en términos de responsabilidad social, pretenda cubrir más allá de cualquier circunstancia o temporalidad.

"El movimiento y la práctica de la Responsabilidad Social Empresarial es una tendencia que se ha tornado relevante en el nuevo orden económico mundial, que se ha consolidado en los últimos años y que, sin duda, será distintivo de las empresas del nuevo milenio." [24]

Analicemos más a detalle la relación de la responsabilidad social con cada uno de los ámbitos estratégicos y los principios que la guían.

La gestión ética.

Principios:

- ✓ **Desempeño ético en los negocios**
- ✓ **Prevención de negocios ilícitos**
- ✓ **Respeto a la dignidad humana**

La ética empresarial es la base de las relaciones sólidas entre la empresa, sus proveedores, clientes, accionistas y otros públicos; permite la interpretación y solución de controversias de acuerdo con los principios que guían la toma de decisiones, la formación y evaluación del personal, y la forma en que se debe conducir el negocio.

"Una empresa ética y socialmente responsable debe contar con mecanismos que aseguren un trato igualitario a todos sus accionistas (*shareholders*), grandes o pequeños, así como a los terceros interesados (grupos de interés / *stakeholders*)"[25], sustentados en un buen sistema de gobierno corporativo.

La gobernabilidad corporativa es el sistema por el cual las empresas son dirigidas y manejadas. Determina cómo los objetivos de la empresa se logran, cómo se monitorea y evalúa el riesgo, y cómo se optimiza el desempeño. Es por ello por lo que se convierte en un elemento clave y sensible para orientar el desempeño empresarial de forma responsable.

Las empresas existen como consecuencia del aporte de capital de sus dueños (licencia económica), ya sea que estén organizados como accionistas o de otra manera. El segundo tipo de licencia, la legal, es la que otorga la autoridad como permiso para operar después de cubrir los requisitos establecidos; hay un tercer tipo de licencia, que quizá es la más difícil de obtener y la más fácil de perder, ésta es la licencia moral, que "otorga" la sociedad cuando considera a la empresa y sus productos o servicios convenientes y pertinentes para ella.

Cuando hablamos de gobierno en las empresas nos referimos a la estructura que la dirige y a la conducción que se hace de ella. En este ámbito resultan muy sensibles los siguientes temas:

1. transparencia,
2. equidad corporativa,
3. cumplimiento de responsabilidades y prevención de conflictos de interés.

Estos temas aplican a las relaciones tanto internas como externas de la empresa, sin olvidar la importancia que merecen los que conforman grupos minoritarios en esas relaciones[26].

Importancia para el negocio

La gobernabilidad corporativa tiene tres dimensiones importantes: la ética, la de eficiencia y la de responsabilidad. La imagen de la empresa depende de cómo maneja estas tres dimensiones. Fallas en su gobernabilidad implican una amenaza real para su futuro. La buena gobernabilidad es, por tanto, muy importante para la supervivencia de la empresa.

La gobernabilidad define cómo la empresa logra sus propósitos. Abarca el significado mismo de la compañía y señala cómo cumple con sus metas. Tiene elementos de liderazgo, protección, ética, seguridad, visión, dirección, influencia y valores. La gobernabilidad corporativa trata también acerca de cómo proteger los intereses de los grupos que forman parte de la organización.

La vinculación de la empresa con la comunidad y su desarrollo.

Principio:

✓ **Involucrarse como ciudadano corporativo con las comunidades en las que opera.**

La empresa percibe e instrumenta el compromiso y la responsabilidad con su comunidad[27].

Identifica y monitorea las expectativas públicas que la comunidad tiene acerca de ella; la innovación y el involucramiento sostenido de miembros, autoridades u organizaciones de la comunidad deben estar incluidos en este monitoreo.

Con ello se busca la sinergia entre sectores (empresa, gobierno y organizaciones de la sociedad civil, por ejemplo) que permita multiplicar los resultados en la solución de problemas sociales comunes a todos. Se destacará el papel de cada uno de los participantes y los beneficios que recibirán. Aquí se muestra cómo la participación e inversión social de la empresa impulsa el desarrollo de procesos sociales o comunitarios, y beneficia directa o indirectamente a la empresa.

Establecer los límites geográficos de una comunidad residencial local (pueblo, vecindario, etc.) no es fácil. Los miembros que residen en una localidad pueden tener ideas diferentes entre ellos, aún respecto de sus límites geográficos. Por lo tanto, definir esos límites es primordial antes de medir en forma exacta los aspectos sociales de la comunidad.

Importancia para el negocio

El conocimiento de la comunidad y sus características es fundamental para desarrollar con éxito cualquier negocio. Muchos empresarios estiman que, si la comunidad en la cual operan no es sana, entonces la actividad de negocios que pretenden desarrollar se verá afectada, por lo cual se estima que la empresa tiene la responsabilidad de contribuir a la salud y prosperidad de la comunidad.

Hay varias formas de contribuir con la localidad por parte de la empresa, desde apoyos menores a proyectos hasta apoyos que engloben un desarrollo integral; esto último puede incluir una variedad de aspectos, tales como prácticas ambientales, políticas sobre ética, asuntos relativos al trabajo y la familia, temas de salud, etc.

No existe una sola vía para trabajar con la comunidad, pero siempre es importante ver cómo la empresa vincula a los pobladores con su negocio, de manera que sea posible cuantificar los beneficios que recibirá la compañía. De otra manera, estamos hablando de acciones simples y reactivas, con las que la empresa aborda una coyuntura y que no se relacionan con su quehacer ni con sus trabajadores.

Al analizar las comunidades es importante determinar, primero, en qué comunidad están los clientes de la empresa; ello dependerá del tipo de producto y el mercado de destino.

Luego, es importante definir en qué comunidad están los trabajadores, los proveedores de bienes y servicios, y otros actores que se relacionan con la empresa. Por último, qué tipo de producto es el más importante para el negocio, y cómo impacta esto a las comunidades.

Cuando la empresa define y caracteriza a las comunidades a las que afecta puede determinar mejor las acciones o programas que va a realizar en ella.

Es importante estimar beneficios sobre variables cuantitativas y cualitativas. Luego, la empresa debe traducir estas variables en los indicadores financieros que de forma habitual utiliza: disminución de costos, reducción de riesgos, aumento de los ingresos, etc.

Por ejemplo, si la empresa está realizando un programa para disminuir la delincuencia en la localidad donde viven sus trabajadores se generan beneficios para ellos, mayor tranquilidad para el trabajador y su familia, menor riesgo de asaltos; ello significa para la empresa más estabilidad y concentración en las asignaciones de trabajo, disminución en el ausentismo, menos accidentes laborales, etc.

Estos beneficios, que impactan a los trabajadores, se pueden traducir en menores pérdidas y abatimiento de los costos de operación, y por tanto en un beneficio económico para la empresa.

Muchas empresas encuentran que invertir en la comunidad no requiere sacrificar ganancias.

En realidad, puede abrir nuevos mercados, reducir los obstáculos de las leyes locales, proveer acceso a los procesos políticos, generar una cobertura positiva de los medios de comunicación e incrementar el conocimiento de la empresa o de la marca en la comunidad.

Las investigaciones han demostrado que el público espera que las empresas "devuelvan" más a las comunidades. A menudo perciben en forma negativa a las empresas que no lo hacen o no lo dan a conocer.

A largo plazo, invertir en la comunidad y comunicarlo contribuyen a crear capacidades en ella, dándole estabilidad, sanidad y sustentabilidad; a menudo será la misma comunidad la que suministrará un número importante de los empleados de la empresa. Probablemente de sus clientes también.

En términos generales, los beneficios incluyen:

- Mayor educación y, por ende, mayores posibilidades de tener una comunidad sustentable, con una mejor calidad de vida.

- Mayor facultamiento de las personas (empowerment), que genera oportunidades de desarrollo económico.

- Mejor salud, que implica una comunidad más fuerte.

- Mayor comunicación, una comunidad que se comunica con la empresa es capaz de prevenir conflictos y ser proactiva en la búsqueda de soluciones.

Trabajo y la calidad de vida en la empresa.

Principios:

- ✓ **Promover y establecer como prioridad la calidad de vida de la comunidad interna.**

- ✓ **Empleo digno.**

- ✓ **Felicidad en el Trabajo.**

La gestión del capital humano, enfocada con la visión de una empresa socialmente responsable, crea un ambiente de trabajo favorable, estimulante, seguro, creativo, no discriminatorio y participativo en el que todos sus miembros interactúan a partir de bases justas de integridad y respeto que propician su desarrollo humano y profesional, contribuyendo para que alcancen una mejor calidad de vida.

Importancia para el negocio

La empresa recibe por ello beneficios como la eficiencia y la responsabilidad individual y colectiva; un balance entre la vida personal y laboral; un impacto positivo en la rentabilidad, eficiencia y productividad; mejores relaciones obrero-patronales; y la percepción de la empresa como altamente humana y socialmente responsable.

En términos puntuales, se pueden enumerar estos beneficios[28]:

- Reduce el ausentismo laboral.

- Disminuye la rotación de personal.

- Reduce el estrés y motiva a los trabajadores.

- Mejora la eficiencia y el rendimiento en el trabajo.

- Crea líderes proactivos al interior de la empresa.

- Mejora la imagen de la compañía.

- Genera identificación con la empresa e integración del personal.

- Mejora el clima organizacional al interior de la empresa.

- Brinda un aspecto humano a la empresa y la pone en contacto directo con la sociedad.

- Desarrolla a las personas, tanto en el plano personal como en el profesional, al abrirles más posibilidades de participación en las actividades de la empresa-

- Facilita la acumulación de más experiencia y habilidades ofreciendo más oportunidades de realización personal a los empleados y trabajadores.

La sustentabilidad, el cuidado y la preservación del medio ambiente.

Principios:

- ✓ Respeto a su entorno, los recursos y el medio ambiente para el presente y las generaciones futuras.

- ✓ Economía Circular.

- ✓ Sustentabilidad de las operaciones.

Uno de los grandes retos de la empresa es combinar la generación de riqueza y la preservación del medio ambiente. Estas prácticas demuestran como la empresa respeta el medio ambiente, promueve la optimización de recursos, prevé la generación de desperdicios y desarrolla procesos de reciclaje o reaprovechamiento de recursos o incorporación de sus productos y procesos a los ciclos naturales.

La empresa debe considerar los factores ambientales como un elemento importante en su toma de decisiones, y reflejar claramente su liderazgo alcanzando la máxima calidad en su manejo y en su relación con el entorno.

El medio ambiente es todo lo que rodea a los seres vivos, está conformado por elementos biofísicos (suelo, agua, clima, atmósfera, plantas, animales y microorganismos), y componentes sociales derivados de las relaciones entre la cultura, la ideología y la economía.

Actualmente, el concepto de medio ambiente está ligado al concepto de desarrollo; esta relación nos permite entender los problemas ambientales y su vínculo con el desarrollo sustentable, el cual debe garantizar una adecuada calidad de vida para las generaciones presentes y futuras.

Sin embargo, esto no se limita a la empresa industrial o extractiva, implica también el compromiso de la empresa de servicios, por ejemplo, con el uso de recursos necesarios para su actividad directa, como pueden ser el agua, la luz, el papel, el uso de vehículos, la generación y manejo de la basura, así como sus contribuciones a la generación de una cultura del ahorro y el reaprovechamiento.

Importancia para el negocio[29]

La importancia del medio ambiente en general para las actividades de negocios es fundamental, ya que muchos, si no la gran mayoría, de los recursos y servicios necesarios para llevar a cabo estas actividades son parte del ambiente biofísico y social.

Hay que encontrar la manera en que el proceso de producción de bienes y servicios siga el concepto de generar, a un precio competitivo, bienes y servicios que satisfagan las necesidades humanas y contribuyan a aumentar la calidad de vida.

Al mismo tiempo, reducir progresivamente los impactos ecológicos y la intensidad en el consumo de recursos durante la vida del producto o servicio.

Beneficios para los grupos de interés

Las partes interesadas, que se relacionan con las empresas en distintas formas, también se ven directa o indirectamente beneficiadas o afectadas por los efectos de las actividades de negocios sobre el medio ambiente. La lista de beneficios o perjuicios es considerable, dependiendo del tipo de empresa, de la parte interesada de que se trate y del lugar que ésta ocupa socialmente.

Por ejemplo, si se considera el sector energético, la participación de interesados o de comunidades interesadas en las operaciones de energía varía de acuerdo con el tipo de operación (extracción, producción, procesamiento y transmisión).

Más aún, debido a la naturaleza global de los riesgos e implicaciones ambientales, el marco de interesados es internacional.

¿Por qué la Responsabilidad Social Empresarial es tan importante?

El desarrollo económico y social mejora las condiciones de vida de las comunidades. En el caso de México, es claro que aún existen innumerables asuntos por resolver para construir un entorno que ofrezca a toda la sociedad los satisfactores que necesita.

Al ser el proceso de globalización una realidad en el mundo, las comunidades de negocios disfrutan, día con día, de mayor influencia, y sus aportes son cada vez más significativos en la construcción de una sociedad más justa y de una economía con crecimiento sostenible que permita aminorar y erradicar la miseria y la pobreza que enfrenta un importante segmento de la población.

La única forma de atacar a la pobreza es generando riqueza. La pobreza es asunto de todos. Las empresas no podrán ser prósperas en un país que no crece y no genera empleos.

Herramientas.

La transparencia es un componente esencial en el debate sobre la Responsabilidad Social Empresarial, ya que contribuye a mejorar sus prácticas administrativas y de comportamiento, al tiempo que permite a las empresas y a terceras partes cuantificar y difundir los resultados obtenidos.

Existen diferentes herramientas o instrumentos de RSE que permiten implementar prácticas socialmente responsables. Sin pretender privilegiar ni excluir ninguna, podemos mencionar, sólo a manera de ejemplo, las siguientes[30]:

Código de conducta: es un documento que describe los derechos básicos y los estándares mínimos que una empresa declara comprometerse a respetar en sus relaciones con sus trabajadores, la comunidad y el medio ambiente (respeto a los derechos humanos y a los derechos laborales, entre otros).

Código de ética: contiene enunciados de valores y principios de conducta que norman las relaciones entre los integrantes de la empresa y hacia el exterior de ésta.

Informe o reporte de responsabilidad social: es un informe preparado y publicado por la empresa midiendo el desempeño económico, social y medioambiental de sus actividades, y comunicado a las partes interesadas de la empresa (stakeholders).

Por ejemplo, la iniciativa del Informe Global, o GRI[31] por sus siglas en inglés, es un conjunto de guías para elaborar un informe de sustentabilidad, cuya meta es lograr calidad, rigor y utilidad en los informes de Responsabilidad Social Empresarial.

Es el resultado de un proceso internacional iniciado en 1997 por la Coalición de Economías Responsables Ambientalmente (CERES) y el Programa de Medio Ambiente de las Naciones Unidas.

<u>Inversión Socialmente Responsable (ISR)</u>: la ISR reúne todos los elementos para integrar criterios extra financieros, medioambientales y sociales, en las decisiones de inversión en carteras o portafolios bursátiles.

<u>Normas para los sistemas de gestión:</u> permiten a la empresa tener una visión clara sobre el impacto de sus actividades en los ámbitos social y medioambiental para la mejora continua de sus procesos.

<u>Indicadores de resultados económicos</u>: ante clientes, proveedores, empleados, proveedores de capital y sector público.

Indicadores de resultados ambientales: sobre materiales, energía, agua, emisiones, basura, productos y servicios, y reclamaciones.

Indicadores de resultados sociales: acerca de prácticas laborales y responsabilidad integral sobre el producto.

Guías o principios: principios o lineamientos que orientan a la empresa en la construcción de un marco social, ético y medioambiental que apoye y afiance la gestión de su negocio alineado con valores universalmente reconocidos. (Por ejemplo, Pacto Mundial (UN Global Compact), Sullivan Principles, etc.)

Pacto Mundial: el Pacto Mundial es una iniciativa del Secretario General de las Naciones Unidas, Kofi Annan. Lanzado en enero de 1999, es un llamado a las empresas del mundo entero para que participen en la construcción de una sociedad global más justa.[33]

El Pacto Mundial no es un código de conducta ni un instrumento ligado a un control o a una auditoría exterior a cargo de las Naciones Unidas o de cualquier otro grupo u organismo, para verificar los esfuerzos que desarrollan las empresas. La ONU no tiene ni el mandato ni la capacidad para controlar o auditar los resultados empresariales relativos al Pacto Mundial.

A través del Pacto Mundial, las empresas demuestran a sus empleados y a la comunidad que son empresas comprometidas a actuar como ciudadanas responsables. La empresa escoge cómo lo asume, e incluso si da a conocer su compromiso.

Los instrumentos de los que se han extraído los principios corresponden al ámbito de responsabilidad de los gobiernos. El Pacto Mundial no traslada esta responsabilidad a las empresas, sino que promueve la idea de que es mucho lo que las empresas pueden hacer, y están haciendo, en sus propios ámbitos de influencia para promover y fomentar los diez principios en su seno y en su comunidad, como es el caso de las empresas socialmente responsables en México. [34]

Dos rutas.

Los principales organismos y expertos coinciden en que cada empresa debe encontrar su propio camino y ritmo. Existen variados ejemplos que han tenido éxito en distintos sectores que las empresas pueden aprovechar, pero al final cada empresa deberá recorrer su propio proceso.

Básicamente es posible distinguir dos grandes rutas[36] empleadas para el desarrollo de programas de Responsabilidad Social Empresarial:

La ruta analítica y la ruta de la oportunidad.

La ruta analítica.

Este modelo se basa en la combinación del análisis de riesgos que encara la empresa y el análisis de los intereses de los grupos de relación. Los elementos clave de este modelo son:

El **análisis de riesgos** (internos y externos) basado en las cuatro líneas estratégicas citadas al principio de este documento.

El **análisis de los grupos de relación** enfocado en sus intereses más relevantes.[37]

Evaluar dónde existe convergencia entre los intereses de la empresa, los riesgos que se quieren manejar y controlar, y los intereses de los grupos de relación.

Priorizar los intereses comunes e identificar un área específica para el desarrollo de un programa de Responsabilidad Social.
Desarrollo de un programa apropiado.

La esencia que define este modelo es lograr determinar los intereses comunes entre la empresa y sus grupos de relación, maximizando las probabilidades de éxito del programa escogido y buscando beneficios para ambas partes.

La ruta de la oportunidad

En este caso, la empresa aprovecha la oportunidad que ofrece uno de sus funcionarios o colaboradores, que se ha interesado en algún tipo de programa con una institución fuera de su ámbito laboral.

Se trata de un líder natural que toma la responsabilidad del desarrollo del programa de responsabilidad social y de su promoción en la organización.

Para transitar esta ruta, la empresa tiene que determinar si alguien de su equipo está interesado en un programa de Responsabilidad Social Empresarial, y si tiene suficiente conocimiento y tiempo para responsabilizarse del programa.

Se debe escoger un programa apropiado y se tiene que determinar si el programa elegido por el miembro del equipo concuerda con los intereses de la organización.

Muchas veces las organizaciones cuentan con algún tipo de programa de Responsabilidad Social Empresarial sin saber que lo es.

Cabe el riesgo de que la empresa no advierta la presencia de una actividad de RSE y pierda la oportunidad de aprovechar el trabajo ya hecho.

Si la empresa escoge la ruta analítica, es muy probable que reconozca que ya dispone de uno o varios programas que caben bajo el concepto de la Responsabilidad Social Empresarial.

Una vez comprobado que existen este tipo de actividades en la empresa, la decisión puede ser cómo incrementar sus esfuerzos, ampliar los programas existentes o comenzar con actividades nuevas.

Por eso es importante evaluar completamente las actividades actuales de la empresa para ver si existe la posibilidad de expandirlas o mejorarlas en vez de comenzar un programa nuevo con costos más altos y mayor demanda en recursos humanos.[38]

Una guía para la implementación.

Reconocer, asumir y expresar la Responsabilidad Social Empresarial como un componente indispensable para la competitividad sustentable de la empresa.

Cada empresa tiene que establecer si desea considerar el concepto de responsabilidad social de manera estratégica e integral, no solamente en una actividad.

Definición

Dejar en claro el interés organizacional en la responsabilidad social en términos de valor agregado para todas las partes interesadas, es el punto de partida.

Dirección de asuntos

La empresa debe identificar y monitorear los temas sociales, éticos y ambientales importantes para sus operaciones y su reputación.

Determinar objetivos específicos para el ejercicio de la Responsabilidad Social Empresarial.

Mandato ético

Desarrollar y difundir el compromiso de la empresa (principios, códigos, líneas de acción, etc.).

Liderazgo

Es indispensable construir soporte directivo. (formación y coordinación). Los altos directivos y ejecutivos de la empresa demuestran su compromiso, respaldo y participación en los esfuerzos de responsabilidad social. Esta es una etapa crítica para el cambio de actitud en la empresa.

Diagnóstico

Para conocer el estado actual de cumplimiento de la Responsabilidad Social Empresarial en sus dimensiones económica, social y ambiental en sus contextos interno y externo.

A la luz del mandato ético, identificar la capacidad potencial y la congruencia de la empresa para maximizar sustentablemente el valor agregado (económico, social, cultural, etc.) en los ámbitos de la Responsabilidad Social Empresarial.

En muchos casos la empresa, particularmente las pequeñas y medianas empresas (PYMES), no han analizado la posibilidad de acreditar a su favor el trabajo hecho por las acciones externas realizadas.

Después viene la ampliación de los programas de RSE para mejorar las actividades actuales o para añadir nuevos programas.

Planeación

La empresa desarrolla un plan estratégico para sus programas sociales internos y externos, basado en una visión y un compromiso compartidos entre los temas, expectativas y metas, tanto de su negocio como de la comunidad en la que opera.

Determina en él las metas y los alcances específicos; desarrolla políticas y programas clave; presupuesta recursos; asigna responsables; define indicadores; y, por último, establece mecanismos de seguimiento y control.

Instrumentación

Formación e involucramiento de toda la organización.

Infraestructura

La empresa incorpora sistemas y políticas que den soporte, comunican e institucionalizan los objetivos de responsabilidad social.

Asignar responsables con autoridad para el seguimiento de políticas y programas, y contar con un reglamento de estímulos y sanciones.

Involucrar a los grupos de relación: la dirección de la empresa reconoce que construir y mantener relaciones de confianza y diálogo con la comunidad y con los principales grupos de relación es un componente crítico de su estrategia y operación.

Medición de avances

Cada empresa debe establecer un proceso externo de evaluación cuantitativa y cualitativa para sus estrategias, programas y actividades de responsabilidad social en los cuatro ámbitos de la RSE.

Para conocer su impacto, tanto en el negocio como en la comunidad. Debe perfilar sus indicadores y establecer sus rutinas de revisión y consecuente retroalimentación para sus programas y proyectos en cada uno de los ámbitos estratégicos.

Es esencial que la medición del desempeño se haga de la manera más confiable, finalmente se trata de la utilización de los recursos de la empresa con una visión de sustentabilidad.

Por lo mismo, la medición del desempeño de la empresa en forma de reporte debe evidenciar la generación de valor agregado para las diferentes partes interesadas.

Todos los niveles de la empresa tienen una función y responsabilidades específicas para alcanzar los objetivos de responsabilidad social planteados.

Difusión interna y externa
del compromiso, retos y logros (Reporte público)

Tanto el compromiso público de actuación con los distintos ámbitos o componentes de la Responsabilidad Social Empresarial como las acciones sistemáticas que una empresa realiza como parte de ese compromiso deben comunicarse[40], tanto en forma interna como externa, con el ánimo de difundir los buenos ejemplos y las mejores prácticas.

Estas acciones deberán ir acompañadas de la retroalimentación proveniente de las partes interesadas.

Esta es una etapa muy importante en el camino que la empresa ha tomado, porque significa que la administración y los programas de responsabilidad social han madurado a tal punto que existe suficiente confianza en lo que la empresa ha hecho, pudiendo divulgar sus resultados, positivos y negativos, al menos ante algunos grupos de relación (rendición de cuentas).

Luego viene la verificación independiente de los informes que describen los programas de Responsabilidad Social Empresarial y sus resultados. Esta fase destaca la intención de la empresa de ser transparente y, al mismo tiempo, incrementa la credibilidad de sus logros

Mejora continua

La Responsabilidad Social es un proceso vivo y cambia junto con la realidad de la empresa, por ello es importante su revisión periódica y anticipar los ajustes que sean necesarios para que se mantenga vigente y responda a la realidad que vive la empresa y a las expectativas que sobre ella se tienen.

1. Estadísticas y análisis de los resultados.

2. Diagnóstico y *benchmarking* a la luz de lineamientos.

3. Buscar reconocimientos: premios, distintivos, certificados que la comparen con otras organizaciones; todo lo que identifique a la empresa y le permita compartir y adoptar mejores prácticas.

4. Determinación de áreas de oportunidad para ajustar metas y programas.

Repetición

Crear alianzas estratégicas para apoyar proyectos a gran escala.
Fortalecer la infraestructura para apoyar los esfuerzos de repercusión.

Integrar las actividades de Responsabilidad Social Empresarial con las prácticas comerciales habituales.

Compartir las mejores prácticas de RSE con otras operaciones de la empresa.
Expandir el programa de Responsabilidad Social Empresarial con el objetivo de abarcar nuevos conjuntos de actividades.

Como se mencionó antes, no existe un solo camino para la Responsabilidad Social Empresarial. Se trata de una ruta larga y permanente, no necesariamente costosa ni imposible, una vez que la empresa empieza el costo de volver atrás puede ser mayor.

++++++++++++++++++++++++++++++

Sitios de interés

ÉTICA

1. Caux Round Table www.cauxroundtable.org

2. Business for Social Responsibility (BSR), Estados Unidos – Códigos de Ética y Entrenamiento Ético www.bsr.org/CSRResources/IssueBriefDetail.cfm?DocumentID=50967

3. Secretaría de la Función Pública www.funcionpublica.gob.mx

4. Organización para la Cooperación y el Desarrollo Económico (OCDE) www.funcionpublica.gob.mx/ocde/

5. Pacto Mundial www.globalcompact.org

6. Guía Corporate Governance (OCDE), en inglés www.oecd.org/dataoecd/32/18/31557724.pdf

7. White Paper sobre Gobierno Corporativo en Latinoamérica www.ecgi.org/codes/documents/latin_america_es.pdf

8. Decálogo del Buen Directivo, España www.ecgi.org/codes/documents/decalogue.pdf

9. White Paper sobre Gobierno Corporativo en Latinoamérica (OCDE) www.oecd.org/dataoecd/5/13/22368983.pdf

10. Informe Aldama www.cnmv.es/publicaciones/gobiernocorp.htm International Corporate Governance Network SD Planner www.gemi.org/sd/

11. Code of Conducts www.codesofconduct.org Ethics Resource Center www.ethicsresourcecenter.org

COMUNIDAD

12. Centro Mexicano para la Filantropía (Cemefi)
www.cemefi.org

13. Business in the Community, Reino Unido
www.bitc.org.uk

14. Junior Achievement México
www.jamexico.org.mx

15. Red Interamericana de Fundaciones y Acciones Empresariales para el Desarrollo de Base (RedEAmérica) www.redeamerica.org

16. Pacto Mundial www.globalcompact.org

17. Philantropy Round Table
www.philanthropyroundtable.org/magazines/1999-09/barry.html

18. Acción RSE, Chile
www.accionrse.cl/tematico/boletin_4.html

19. Business for Social Responsibility (BSR), Estados Unidos
www.bsr.org/CSRResources/IssueBriefDetail.cfm?DocumentID=49763
www.bsr.org/CSRResources/IssueBriefDetail.cfm?DocumentID=49811
www.bsr.org/CSRResources/IssueBriefDetail.cf

m?DocumentID=49764

20. Haces falta, el portal de voluntariado del Cemefi www.hacesfalta.org.mx

21. Asociación Civil Labor, Perú
www.labor.org.pe

22. Red Educativa Avina www.avina.net

CALIDAD DE VIDA EN LA EMPRESA

23. Great Place to Work
http://www.greatplacetowork.com.mx/

24. Instituto Nacional de las Mujeres
www.inmujeres.gob.mx

25. Pacto Mundial
www.globalcompact.org

26. Unión Social de Empresarios de México (USEM) www.usem.org.mx

27. Certificación Ética. Forética. Norma de Empresa SGE 21.
www.foretica.es/rse/?accion=evaluacion

28. SA8000
www.cepaa.org/SA8000/SA8000.htm

29. Occupational Health and Safety Standard (O.H.S.A.S. 18000)
www.standardsdirect.org/ohsas.htm

30. Organización Internacional del Trabajo (OIT) www.ilo.org

31. Derechos Humanos
http://209.238.219.111/Company-policies-Examples.htm

32. Business for Social Responsibility (BSR),

Estados Unidos – Lugar de Trabajo
www.bsr.org/CSRResources/IssueBriefDetail.cfm?DocumentID=48814

33. European Foundation for the Improvement of Living and Working Conditions www.eiro.eurofound.ie

34. Business Social Compliance Initiative (BSCI)
www.bsci-eu.org/content.php

SUSTENTABILIDAD Y RESPONSABILIDAD AMBIENTAL

1. ECOSEG
   https://ecoseg.org/2016/05/21/responsabilidad-ambiental-empresarial/

2. Pacto Mundial
   http://www.globalcompact.org

3. World Business Council for Sustainable Development https://www.wbcsd.org/

4. Global Climate Action
   https://latest.earthhour.org/global-climate-action-summit-commitments-increase-bottom-up-pressure-to-raise-global-climate-ambition

5. Reforestamos México
   https://www.reforestamosmexico.org/

6. Sustainable Brands
   https://sustainablebrands.com/read/leadership/business-for-nature-our-economy-wellbeing-depend-on-restoring-biodiversity

Anexo: Los diez principios del Pacto Mundial

Derechos Humanos

Principio 1: Las empresas deberían apoyar y proteger los derechos humanos proclamados internacionalmente. Es de sentido común. Si un empleador actúa de una manera que infringe los derechos humanos de los trabajadores está perjudicando la productividad del personal. Existen medidas muy simples que un empleador puede adoptar para asegurarse de que sus trabajadores reciben un trato digno. Del mismo modo que las empresas esperan que se respeten sus derechos, los trabajadores no esperan menos de su empleador.

Principio 2: Asegurarse de que no son cómplices de abusos de los derechos humanos. Las empresas no deberían aprovecharse de situaciones en que se estén produciendo abusos de los derechos humanos, o utilizar esto como pretexto para actuar indebidamente. Las empresas no sólo no deberían rebajarse a este nivel de complicidad, sino que, a través de su comportamiento, deberían tratar de mantener y restaurar el reconocimiento social de tales derechos.

Las empresas también pueden propagar entre sus proveedores la consigna de que ha de observarse un comportamiento correcto, y ocuparse de los abusos que pudieran perjudicar su reputación ante el personal y la clientela.

Trabajo

Principio 3: Las empresas deberían defender la libertad de sus colaboradores para asociarse y el reconocimiento efectivo del derecho a negociar colectivamente. Como se indicó anteriormente, este principio laboral y los que se mencionan más adelante se han extraído de la Declaración de la Organización Internacional del Trabajo (OIT) relativa a los principios y derechos fundamentales en el trabajo, y por tanto deben considerarse en dicho contexto.

En primer lugar, la referencia a la libertad de asociarse no quiere decir que se abran las puertas a los sindicatos o que se obligue a la gente a afiliarse a éstos. Se trata de una cuestión de respeto. Si un trabajador escoge libremente afiliarse a un sindicato, este principio le pide a la empresa que respete esa opción. Del mismo modo, si un trabajador decide libremente no afiliarse a un sindicato, esa decisión también debe respetarse. Se pide a las organizaciones que no ejerzan una influencia indebida sobre la decisión de un trabajador.

En lo que atañe a la negociación colectiva, el Pacto Mundial no espera que el empleador altere el marco de las relaciones laborales; no obstante, muchas organizaciones líderes reconocen la utilidad del diálogo y la negociación para lograr la competitividad. La negociación colectiva ha de ser una cuestión de libre elección. Sólo puede darse si la empresa está de acuerdo. El Pacto Mundial no le exige estar de acuerdo.

Principio 4: Eliminación de todas las formas de trabajo forzoso y obligatorio. Este principio se refiere tanto a problemas ligados al trabajo en régimen de servidumbre, que implica el trabajo en pago de una deuda, como a situaciones de trabajo forzoso. Afirma que los trabajadores tienen derecho a ser remunerados por su trabajo, con dinero y no en especie; que deben prestar su trabajo libremente; y que, si así lo desean, pueden renunciar a su trabajo de acuerdo con la legislación y las prácticas nacionales. No deberían estar encerrados en su lugar de trabajo ni quedar expuestos a la violencia en el mismo.

Principio 5: Abolición efectiva del trabajo infantil. La OIT adoptó un convenio sobre la eliminación de las peores formas de trabajo infantil (Convenio número 182), y el primer objetivo han de ser los principios recogidos en ese instrumento. Los niños representan la fuerza laboral del futuro. Puesto que la calidad de la fuerza de trabajo determina tanto la competitividad de las empresas como la del propio país, el hecho de mantener a los niños en el empleo en lugar de educarlos socava la competitividad futura.

Las empresas no deberían recurrir a modalidades socialmente inaceptables del trabajo infantil, que llevan al niño a perder sus oportunidades de educación. Es preciso encontrar un equilibrio en virtud del cual, si un niño tiene que trabajar, no tenga que hacerlo en un entorno de explotación o peligro, sino en un entorno en que se atiendan sus necesidades educativas. Sin embargo, como objetivo a largo plazo, las empresas tienen que considerar la manera de que, tanto ellos como la sociedad en la que viven, reemplacen a los niños que forman parte de la fuerza laboral a fin de proteger la vida de esos niños y contribuir al desarrollo del capital humano de la sociedad.

Principio 6: Eliminar la discriminación en relación con el empleo y la ocupación. Esto sólo exige a las empresas contratar a las personas en base a su capacidad para realizar el trabajo que requiere el puesto que ofrecen. Si, en lugar de ello, basan la contratación en el género de las personas, la raza, la religión u otros prejuicios, significa que están perjudicando a su negocio.

Los ascensos también deberían basarse en el mérito de las personas. Existen sobradas pruebas de las consecuencias positivas de las prácticas no discriminatorias sobre la productividad y la rentabilidad de las empresas. Este principio les pide a las empresas que, en su forma de conducirse, no caigan en la trampa de los prejuicios.

Medioambiente.

Principio 7: Las empresas deberían apoyar un enfoque preventivo ante los retos medioambientales. La obligación relativa a la legislación medioambiental recae sobre los gobiernos nacionales y seguirá siendo de actualidad el debate en torno a lo que se entiende en la práctica por un enfoque preventivo.

No obstante, para las empresas significa, en términos prácticos, que deberían guiarse por criterios científicos fiables en cuanto a las posibles repercusiones medioambientales de un determinado producto o proceso.

No debería exigírsele a la empresa lo que resulta imposible en la práctica; a saber, demostrar que un determinado producto o proceso no tendrá repercusiones medioambientales negativas.

Antes bien, basándose en su propia valoración, fundada en criterios científicos fiables, y en su propia evaluación del riesgo; en ausencia de pruebas científicas de que un determinado producto o proceso pueda resultar peligroso, debe sentirse libre para atender la situación con apego a lo dispuesto en la legislación nacional.

Principio 8: Adoptar iniciativas para promover una mayor responsabilidad medioambiental. La respuesta en este apartado depende de las características y del tamaño de la empresa.

Sin embargo, al aplicar políticas y prácticas medioambientales responsables, las empresas mejoran la productividad y dan ejemplo a los demás. Se alienta a las empresas a pronunciarse en favor de la responsabilidad medioambiental dentro de su red de contactos comerciales.

Principio 9: Fomentar el desarrollo y la difusión de tecnologías respetuosas del medio ambiente. Se insta a las empresas a estudiar el uso y el desarrollo de tecnologías respetuosas del medio ambiente, que no sólo benefician al medio ambiente local y mundial, sino que mejoran, además, su eficacia y productividad.

Las tecnologías respetuosas del medio ambiente contribuyen a garantizar que el aire y el agua, así como los recursos naturales, sean accesibles a un costo razonable. Las empresas deberían empeñarse en el perfeccionamiento continuo de las tecnologías respetuosas del medio ambiente.

Combate a la corrupción

Principio 10: Las empresas deberán trabajar contra la corrupción en todas sus formas, incluyendo la extorsión y el soborno. Este décimo principio se incorporó a raíz de la adopción de la Convención de las Naciones Unidas contra la Corrupción en diciembre de 2003, y pretende fortalecer los valores fundamentales del estado de derecho, la honradez, la responsabilidad, la integridad y la transparencia.

También aborda la cuestión de la

desconfianza en las instituciones generada por la corrupción y de sus consecuencias en términos de "deslegitimación" del gobierno.

En la Convención se reconoce que la responsabilidad de adoptar medidas contra la corrupción incumbe a los gobiernos. Sin embargo, también se reconoce que tanto el sector privado como la sociedad civil tienen un papel que cumplir en este ámbito. Un cometido primordial es la promoción, el apoyo y la instigación a los gobiernos para que cumplan con sus obligaciones derivadas de la Convención, así como la exigencia de responsabilidades a los gobiernos por sus acciones.

A través de este principio, las empresas también pueden contribuir a garantizar que se establezca el entorno de estabilidad y seguridad que requieren las inversiones para producir beneficios.

A través de la lucha contra la corrupción, las empresas pueden enfrentarse a las distorsiones del mercado que ésta genera, y contribuir a la creación de un entorno de igualdad de oportunidades.

Es posible que la empresa no pueda abordar los diez principios al mismo tiempo, y tampoco se espera que lo haga.

Sin tomar en cuenta las grandes diferencias en cuanto al tamaño y la ubicación de las empresas en todo el mundo, se alienta a éstas para que se esfuercen, a su manera y a su propio ritmo, por asumir, apoyar y aplicar estos principios en el lugar de trabajo.

Las empresas están, y seguirán estando, en el foco de atención por razón de sus políticas y prácticas sociales y medioambientales.

El Pacto Mundial es una oportunidad para que demuestren públicamente de qué manera promueven y apoyan los principios universales de los derechos humanos, los principios y derechos fundamentales en el trabajo, las prácticas medioambientales sostenibles y la lucha contra la corrupción.

Referencias.

[1] entendido a partir de la declaratoria de principios de la Alianza por la Responsabilidad Social Empresarial en México (AliaRSE).

[2] grupos de relación, grupos de interés, públicos o *stakeholders*.

[3] manual de Contenidos de Fórum Empresa. Más información en www.empresa.org.

[4] la Alianza por la Responsabilidad Social Empresarial en México (AliaRSE)[4], primera en su tipo, agrupa a 19 organizaciones con importantes antecedentes de trabajo en la promoción del tema en nuestro país.

En sus propias palabras, la Alianza pretende "lograr que la empresa sea y se perciba como creadora de valor y generadora de un bienestar que promueve el bien común, por medio del ejercicio de su responsabilidad social, apalancando, coordinando y facilitando la sinergia de los esfuerzos de nuestras organizaciones en beneficio del país y en particular de nuestros miembros". Sus principios han sido reconocidos y adoptados como propios por otras organizaciones regionales con las que el Centro Mexicano para la Filantropía (Cemefi) ha establecido convenios para replicar su Programa de Responsabilidad Social de forma local —son los casos de UniRSE Jalisco, la Fundación Sinaloa Eco-Región y la Fundación del Empresariado Sonorense (FESAC) —. Cemefi es promotor y miembro fundador de AliaRSE, junto con otros cinco organismos.

5 la RESPONSABILIDAD es la "obligación de responder ante hechos o situaciones", la RESPONSABILIDAD SOCIAL es la "obligación de responder ante la sociedad en lo general y ante algunos grupos en lo específico".

Entonces, la RESPONSABILIDAD SOCIAL EMPRESARIAL es la capacidad de entender y dar respuesta al conjunto de solicitudes que los diversos grupos que constituyen el entorno hacen a la empresa.

6 incluye también expectativas de conducta, legales, comerciales, de gestión y públicas.

7 Cemefi organismo miembro de Fórum Empresa, una alianza hemisférica de organizaciones nacionales que comparten la visión de promover la Responsabilidad Social Empresarial en América. Fórum Empresa es la red de responsabilidad social más grande del mundo.

8 Héctor Rangel Domene, Expresidente de la Asociación de Banqueros de México, declaraba que "el empresario debe ser promotor de la Responsabilidad Social Empresarial dentro y fuera de la empresa". Segunda Ceremonia de Presentación de las Empresas Socialmente Responsables en México. AliaRSE / Cemefi. 2002.

[9] Cedis, miembro panameño de Fórum Empresa. "La Responsabilidad Social Empresarial: Una prioridad en el mundo moderno". www.cedis.org.pa.

[10] básicas (vivienda, salud, condiciones de vida y trabajo, seguridad e higiene, etc.), sociales, estéticas, trascendentales, políticas y culturales (conocimiento y educación, ecología, etc.).

[11] conclusiones del III Congreso de Responsabilidad Social Empresarial en las Américas. Fórum Empresa / Cemefi. Mayo de 2000.

[12] cada empresa de acuerdo con su sector, cultura y condiciones puede incorporar sus propios subtemas.

13 incluye el fomento a su desarrollo personal.

14 ser solidario con todos, en especial con los menos favorecidos.

15 ser subsidiario en la interacción para buscar continuamente la creación de condiciones y oportunidades que favorezcan el propio desarrollo para alcanzar una mejor calidad de vida.

16 en la gestión de todos los procesos y actividades.

17 una cultura empresarial vibrante y responsable, y un sector privado diversificado son algunas de las grandes fuentes de riqueza que un país puede tener.

[18] el factor humano y el capital social son fundamentales para contar con una sociedad funcional.

[19] Jorge V. Villalobos Grzybowicz, Presidente Ejecutivo del Cemefi. II Conferencia Interamericana de Responsabilidad Social Empresarial "Del Dicho al Hecho". BID / Cemefi. México, D.F. 2004.

[20] conclusiones del III Congreso de Responsabilidad Social Empresarial en América. Fórum Empresa / Cemefi. México. Mayo de 2000.

[21] libro Verde: "Fomentar un marco europeo para la Responsabilidad Social Empresarial". Comisión de las Comunidades Europeas. Bruselas, Bélgica. Julio de 2001.

22 "Situación de la Responsabilidad Social Empresarial en Latinoamérica, hacia un desarrollo sustentable". Publicado por RSE Red Interamericana. Septiembre de 2005.

23 decálogo postulado por las 17 empresas mexicanas portadoras del Distintivo ESR 2001 (Empresa Socialmente Responsable) ante el presidente de México, Vicente Fox Quesada, en noviembre de 2001. Reunión Anual del Cemefi.

24 Jorge V. Villalobos Grzybowicz, Presidente Ejecutivo del Cemefi. Segunda Ceremonia de Presentación de las Empresas Socialmente Responsables. México, D.F. 2002.

25 herramienta de Integridad para Fortalecer la Competitividad de las Empresas. Cap. "Tendencias globales que crean identidad", página 7. Consejo Coordinador Empresarial / Secretaria de la Función Pública. 2006.

[26] manual de Contenidos, Fórum Empresa. 2005.

[27] la comunidad es definida a menudo por criterios geográficos, legales o gubernamentales.

Si se utiliza el criterio de ubicación geográfica, la comunidad es un grupo de personas que reside en la misma localidad.

Para grupos cuyos miembros no residen en la misma localidad, la comunidad es definida como un grupo de individuos que tienen un mismo interés; por ejemplo, un grupo profesional, un grupo que se comunica por Internet o los miembros de un sindicato, cumplen con esta definición.

[28] público Interno. Manual de Contenidos de Fórum Empresa. 2005.

[29] manual de Contenidos de Fórum Empresa. 2005.

30 "Responsabilidad Social en México: situación actual y perspectivas". AliaRSE - GTZ en México. 2003.

31 El GRI no es una norma de sistema de gestión, ni es posible certificarse en ella, pero establece, entre otras cosas, una propuesta acerca de cómo las empresas socialmente responsables pueden informar, en base a indicadores de desempeño, acerca de temas como flujo monetario a abastecedores, empleados y clientes; pago de impuestos, pago a proveedores y subvenciones; uso e impacto ambiental de aguas, energía, materiales, biodiversidad y gases; prácticas y políticas laborales, de derechos humanos; impacto social y responsabilidad de producto. Fuente: Fórum Empresa.

32 "Introducción a la Gestión de la Responsabilidad Social". Dante Pesce, Pontificia Universidad Católica de Valparaíso. Chile.

33 Los diez principios que abarca el Pacto Mundial corresponden al ámbito de los derechos humanos (extraídos de la Declaración Universal de los Derechos Humanos), derechos laborales (extraídos de la Declaración de la OIT relativa a los principios y derechos fundamentales en el trabajo), aspectos medioambientales (extraídos de la Declaración de Río de Janeiro sobre el Medio Ambiente y el Desarrollo) y acciones de lucha contra la corrupción (extraídas del Convenio de la ONU contra la Corrupción). El décimo principio, relativo a la corrupción, se agregó en junio de 2004.

34 al 2007, de las 332 organizaciones (organizaciones sociales, empresariales, públicas y gobiernos) que lo han suscrito en México, 59 son empresas que cuentan con el Distintivo ESR, además de los organismos pertenecientes a AliaRSE. Fuente: Listado de Adhesiones al Pacto Mundial en México.

35 consultar la Guía de los Principios del Pacto Mundial, México.

36 basándose en el estudio de casos analizados por Fórum Empresa.

37 muy recomendable, pero no imprescindible en un primer esfuerzo. Se puede comenzar con el manejo de ciertos riesgos importantes acerca de un tema, teniendo en cuenta que algunos de los grupos de relación van a beneficiarse con el programa y otros van a quedar excluidos.

38 el Cemefi cuenta con un instrumento de diagnóstico que permite a la empresa identificar todas las acciones y áreas de oportunidad con las que cuenta. Otros organismos de Responsabilidad Social Empresarial cuentan con distintos modelos de guía de inicio, que pueden ser empleados por la empresa como instrumentos de autodiagnóstico.

[39] instrumento desarrollado por Carlos Ludlow (USEM), Gustavo De la Torre (Caux Round Table México) y Juan Felipe Cajiga (Cemefi), presentado y avalado por el consejo de AliaRSE. 2003/2004.

[40] eventos y reconocimientos deberán ser considerados en ese reporte o en las comunicaciones de la empresa.

[41] este es un principio fundamental de cualquier programa o actividad de Responsabilidad Social Empresarial. El compromiso de la empresa con el mejoramiento continuo en todos sus programas es una declaración clara de que comprende y adopta los principios de RSE y que no se alejará del camino trazado.

Más en:

EmpresAbility

https://www.4apurpose.org

NOTAS:

www.ingramcontent.com/pod-product-compliance
Lightning Source LLC
Chambersburg PA
CBHW020543220526
45463CB00006B/2175